Dedicado a: _____

Por: _____

Fecha: _____

Manual
de
Vida

Para intercesores

Manual
de
Vida

Para intercesores

Ana Maldonado

Nuestra Visión

Evangelizar, Afirmar, Discipular y Enviar

Alimentar espiritualmente al pueblo de Dios por medio de enseñanzas, libros y prédicas; y expandir la palabra de Dios a todos los confines de la tierra.

Manual de Vida
para intercesores
Sengunda Edición 2006

ISBN: 1-59272-226-1

Portada Diseñaba por: Departamento de Diseño/*ERJ Publicaciones*

Citas bíblicas tomadas de la Santa Biblia, Revisión 1960
©Sociedades Bíblicas Unidas.

Categoría:
Intercesión

Publicado por:
ERJ Publicaciones
13651 SW 143 Ct., Suite 101, Miami, FL 33186
Tel: (305) 233-3325 - Fax: (305) 675-5770

Impreso por:
ERJ Publicaciones, EUA

Impreso en Colombia

Dedicatoria

Durante estos diez años de ministerio, he tenido un maestro, especialmente en el área de la intercesión y la oración. Él ha sido quien cada mañana me ha despertado de madrugada y me ha dado la fuerza física, emocional y mental para levantarme; así como las estrategias de batalla para pelear con denuedo y autoridad. Dedico este manual de vida a mi maestro y compañero de oración, al precioso Espíritu Santo de Dios, Dios Padre y Dios Hijo, quienes diariamente me arropan con su poder y su unción.

También, quiero dedicar este manual a los hombres de mi vida, a mi esposo Guillermo Maldonado por su ejemplo y liderazgo, a mi padre Aníbal Duarte Santamaría por ser el mejor papá del mundo y haberse convertido en un guerrero de oración y a mis hijos Bryan y Ronald por su amor y comprensión, ellos son un apoyo y un refugio para mí.

Agradecimientos

Quiero agradecer, de manera especial, a mis intercesores, a aquellos hombres y mujeres, fieles y leales, que han sido incondicionales, y se han parado firmes ante las trampas del enemigo, reparando brechas y levantando mis brazos diariamente. Agradezco a aquellos centinelas de la madrugada, a los voluntarios y a mis colaboradores en general, quienes han sido parte de las oraciones de rompimiento que han hecho de cada proyecto una realidad.

Índice

Introducción

Tengo diez años en el ministerio de intercesión, aunque hace veinte años empecé a horar por mi esposo y mi matrimonio. Estábamos el Espíritu Santo y yo, luego el Señor me fue añadiendo mujeres, después hombres, y hoy en día tenemos un promedio de 400 intercesores voluntarios y 17 a tiempo completo.

Considero que lo más importante en cualquier ministerio debe ser la oración y la intercesión, ya que ésta, es la que sube al cielo, baja las bendiciones y las pone en la tierra. Por eso, en nuestro ministerio es un requisito que todas las cosas que se van a hacer, pasen primero por oración para que en cada una de ellas, se haga la perfecta voluntad de Dios. Es hora de darle el lugar que le corresponde al ministerio de intercesión.

Me he encontrado, en varias oportunidades, con ministerios que ni siquiera tienen un lugar asignado para la oración de la iglesia. Es importante que la iglesia destine un lugar

específico y permanente para los intercesores, debe ser un lugar agradable, amplio y limpio; debe tener privacidad, equipo de música para la adoración, papel toalla, agua, aceite, Santa Cena, lápiz y papel a disposición de los intercesores; yo diría que debe ser uno de los lugares más hermosos de la iglesia.

Muchas veces, los ministerios se ocupan más del dinero que van a invertir en el color de los baños, en las cortinas o en las sillas; y esto es importante ya que la casa de Dios debe lucir con excelencia, pero es necesario que los líderes de iglesias tomen conciencia de la importancia que tiene la oración. Es hora de empezar a valorar al intercesor y su función en el cuerpo de Cristo.

Todo obrero es digno de su salario y no es posible tener intercesores voluntarios todo el tiempo, está bien tener voluntarios, pero se necesita personal a tiempo completo para las necesidades de oración de la iglesia. Debemos romper la mentalidad que pone al intercesor como último, es hora de darle el valor que le corresponde al cuerpo de intercesión y verlo como un ministerio. No importa la edad,

ni el sexo del intercesor, hombre o mujer, se le debe proveer los mismos beneficios que a cualquier empleado de otro departamento.

Como pastora del Ministerio Internacional El Rey Jesús y líder del ministerio de intercesión, puedo decir con toda autoridad, que una de las grandes llaves para mantener el crecimiento y el avivamiento en una iglesia, es la oración y la intercesión; a través de ellas, podemos abrir las ventanas de los cielos y traer la lluvia de bendiciones que Dios quiere poner en nuestras manos.

En nuestro ministerio, hemos experimentado el poder de la oración, a tal punto, que tenemos intercesores a tiempo completo, las 24 horas del día.

En este manual de vida para intercesores, usted podrá encontrar los requisitos y características que debe cumplir un intercesor.

El objetivo principal de este manual es compartir las estrategias de nuestro ministerio en el área de la intercesión, para que cada pastor o intercesor que así lo

desee, pueda tomar de ellas e implementarlas para mejorar el uso de los poderosos recursos que nuestro Padre Celestial nos ha brindado, como son la oración y la intercesión.

En estas páginas deseo compartir gran parte del conocimiento que he adquirido durante estos años, más por lo que he vivido que por lo que he estudiado. Puedo decir que mis experiencias de oración, las he vivido con el mejor maestro, el Espíritu Santo de Dios; y deseo compartir este conocimiento que me ha tomado esfuerzo, lágrimas y madrugadas, con aquellos que desean llevar su ministerio a otro nivel. Declaro que cada intercesor, pastor y pastora que tome este libro en sus manos, recibirá la impartición necesaria para buscar con pasión la llenura del Espíritu Santo mediante la oración de cada día.

Para tener un ministerio de intercesión efectivo, es necesario que los primeros en tener una vida poderosa de oración, sean los pastores de la iglesia. Es indispensable que ellos, personalmente, experimenten el poder de la

oración mediante una intimidad diaria con el Padre, ya que deben estar preparados para poder impartir en cualquier momento del día. Nadie puede dar lo que no tiene. Para poder impartir, primero se debe recibir directamente del Espíritu Santo de Dios.

Un pastor o pastora que quiera fluir en los dones del Espíritu Santo y tener una iglesia llena de la gloria de Dios, debe dedicar, por lo menos, tres horas de su tiempo para estar en la presencia del Padre. En ese tiempo de intimidad con Él, es donde recibimos los diseños del Espíritu Santo, las estrategias y las victorias para cada día. La oración debe ser una prioridad para todos los hijos de Dios, pero especialmente para los pastores, puesto que esta comunión con Dios los prepara para la batalla y los mantiene fuertes ante los ataques del enemigo.

Es importante que los pastores inviertan tiempo en su crecimiento espiritual, que se enriquezcan con la palabra y mantengan un balance entre su familia y el ministerio. Una vida balanceada y fuerte de oración en la familia pastoral

representará un gran respaldo y testimonio para los
intercesores y para la congregación.

CAPÍTULO UNO

Requisitos para ser intercesor a tiempo completo

Requisitos para ser intercesor a tiempo completo

1. Estar bajo cobertura.

Un intercesor debe estar bajo la cobertura de una iglesia local, para evitar los ataques del enemigo. Un intercesor efectivo, no puede ser "gallina sin cabeza", puesto que necesita la supervisión directa de sus pastores para protección de la iglesia y del propio intercesor.

2. No orar más de seis horas diarias.

Debido al desgaste físico, emocional y espiritual al que se ve expuesto el intercesor, no debe orar más de seis horas diarias; por esta razón no se permite que tenga otro trabajo externo al trabajo de intercesión.

3. Ser ministrado en sanidad interior y liberación.

Es necesario que el intercesor revise, constantemente, sus áreas espirituales y emocionales. Debe vivir una vida de autoliberación y estar dispuesto a ser ministrado ocasionalmente. Recomiendo que los intercesores sean ministrados cada tres meses. Cuando se hacen guerras y rompimientos fuertes, es necesario que los pastores intervengan y ministren al equipo de intercesión.

Siempre que pueda, y comprendiendo a plenitud el significado de la misma, el intercesor debe tomar la Santa Cena como arma de fortaleza, liberación y sanidad para su vida.

4. No creerse más espiritual que los demás.

Diariamente el intercesor debe renunciar a todo espíritu de orgullo y reconocer que es, simplemente, el vaso; no importa qué tanto ore, o lo mucho que Dios le hable, la gloria sólo es para nuestro Padre Celestial.

"Por la gracia (inmerecido favor de Dios) que me ha sido dada les pido a cada uno en medio de ustedes que no se estimen o piensen de ustedes más alto de lo que deben (no tener una opinión exagerada de nuestra propia importancia) pero juzgar su habilidad con un juicio sobrio de acuerdo al grado de fe proporcionado por Dios a él". Romanos 12.3 (Biblia Amplificada Zondervan)

5. Vivir una vida apartada del pecado.

El intercesor debe estar separado para Dios. Quien trabaja como intercesor a tiempo completo no puede practicar el pecado, para que el enemigo no tome ventaja de él. Debe vivir separado para Dios, esto no quiere decir que viva en una burbuja, pero debe ser muy selectivo en lo que ve, en lo que escucha y en las amistades que frecuenta, para evitar contaminación en su vida y en sus oraciones. Su vida personal, familiar y ministerial deben estar en orden para evitar ataques del enemigo.

"Pero el firme fundamento de (establecido por) Dios es seguro e inconmovible, llevando el sello (la inscripción del Señor que conoce quienes son de Él) y todos los que conocen el nombre (el propio nombre de) del Señor apártese de toda iniquidad y manténgase firme en ello".

2 Timoteo 2.19 (Biblia Amplificada Zondervan)

"Pero el fundamento de Dios está firme, teniendo este sello: conoce el Señor a los que son suyos; y: apártese de iniquidad todo aquel que invoca el nombre de Cristo".

2 Timoteo 2.19

6. Tener comunión con Dios.

El intercesor debe tener como prioridad su relación con Dios. Debe llegar preparado en oración a su jornada diaria de trabajo. Necesita tener tiempo de intimidad con Dios antes de empezar a interceder por las necesidades de la iglesia; debe haber recibido impartición en adoración con el Espíritu Santo para poder ser efectivo en sus oraciones. El intercesor a tiempo completo debe tener un devocional

personal de, aproximadamente, dos horas diarias en la presencia del Espíritu Santo de Dios.

"El secreto (la dulce satisfacción de la compañía del Señor) es con aquellos que temen (reverencian y adoran) a Él, y Él les mostrará a ellos su pacto y les revelará a ellos lo profundo de su ser". Salmo 25.14
(Biblia Amplificada Zondervan)

7. Trabajar en equipo.

Para desarrollar la agenda diaria de oración, es necesario que los intercesores oren juntos, uno en lenguas y otro en el entendimiento, y así en equipo se apoyan mutuamente. Jamás se deben quedar intercesores por ahí solos orando, es necesario que oren como mínimo de dos en dos, y para evitar apariencia de pecado no se debe dejar a un hombre solo orando con una mujer, a menos que sean esposos.

Para que los intercesores trabajen en equipo es necesario que además de orar juntos, lo hagan de mutuo acuerdo; es decir, que no puede haber rencillas entre los intercesores,

cualquier diferencia o problema debe resolverse antes de entrar al campo de batalla, de lo contrario será una puerta abierta para el enemigo y una debilidad para el ministerio. Es muy importante que el supervisor, esté al tanto de la buena relación entre los miembros del departamento de intercesión y en caso de algún problema que no se pueda resolver entre ellos, es necesario ir al líder de intercesión o a los pastores, pues este departamento es el reparador de brechas y no puede dar cabida al diablo. El trabajo en equipo es uno de los requisitos más importantes del ministerio de intercesión, yo no creo en "llaneros solitarios", creo en un equipo de hombres y mujeres dejándose usar por Dios en conjunto, como complemento y partes de un cuerpo, donde cada uno cumple su función.

"Solícitos en guardar la unidad del espíritu en el vínculo de la paz; un cuerpo, y un espíritu, como fuisteis también llamados en una misma esperanza de vuestra vocación; un Señor, una fe, un bautismo, un Dios y un Padre de todos el cual es sobre todos, y por todos, y en todos".

Efesios 4.3-6

26

"Mejores son dos que uno; porque tienen mejor paga de su trabajo. Porque si cayeren, el uno le levantará a su compañero; pero ¡ay del solo! que cuando cayere, no habrá segundo que lo levante". Eclesiastés 4.9, 10

8. Someterse a sus autoridades espirituales y naturales.

El intercesor debe someterse a sus pastores y líderes, así como a la administración de la iglesia. Debe cumplir los reglamentos de todos los empleados tales como: horario, uniforme, evaluaciones, reportes, etcétera. Cuando se vaya a ausentar de su trabajo o necesite un permiso, debe seguir el conducto regular establecido y no ir, directamente, al pastor o pastora. El intercesor debe ser el primero en dar ejemplo en cuanto al cumplimiento de los procedimientos de trabajo del ministerio y en cuanto a la obediencia, ya que el sometimiento y la obediencia le dan la autoridad, el denuedo y la osadía que se necesita para orar en el nombre de Jesús. Podemos tomar como ejemplo el caso del centurión (Lucas 7.1-10); en donde este hombre humilde, sencillo, con corazón de padre y entendido en el mundo

espiritual buscó la autoridad de aquel que tenía el poder para sanar la enfermedad de su siervo. El centurión, era un hombre en autoridad y bajo autoridad que actuó con fe y osadía, lo cual maravilló a Jesús, grandemente.

"...por que yo también soy un hombre que diariamente se sujeta a la autoridad, con soldados bajo mi cargo. Y yo le digo a uno, ve y él va; y a otro, ven y él viene; y a mi siervo, haz esto, y él lo hace. Cuando Jesús escuchó esto se maravillo de él, y se volteó hacia la multitud que le seguía, y les dijo, ni aun (en todo) Israel he encontrado tan grande fe como (ésta)...". Lucas 7.8, 9

Cuando el centurión buscó la ayuda de Jesús, sabía que no había puertas abiertas en su vida, pues entendía el misterio de la obediencia y la sujeción, por eso pudo ejercer sin temor a equivocarse el poder de la fe que sanó a su siervo.

9. El ayuno

Es importante que el ayuno sea un estilo de vida para el intercesor a tiempo completo. Se recomiendan dos días a la semana, puesto que el ayuno mantiene nuestro espíritu

sensible a la voz de Dios. El ayuno debe ser parte de su vida y de su trabajo.

En nuestro ministerio cada turno de intercesión debe ayunar con un día de por medio, de esta manera, están los siete días de la semana cubiertos en ayuno. Es importante que el líder de intercesión supervise el cumplimiento del ayuno.

"Estaba también allí Ana, profetisa, hija de Fanuel, de la tribu de Aser, de edad muy avanzada, pues había vivido con su marido siete años desde su virginidad, y era viuda hacia 84 años y no se apartaba del templo, sirviendo de noche y de día con ayunos y oraciones". Lucas 2.36, 37

10. Diezmar y ofrendar

Uno de los requisitos para el intercesor a tiempo completo, es el diezmo y la ofrenda. No se puede hacer guerra espiritual si hay anatema en la vida del intercesor. No diezmar es un anatema y si el intercesor a tiempo completo no entiende este principio, es mejor que no sea parte del equipo de intercesión, ya que cuando se entra en guerra con

el enemigo y existen puertas abiertas, se pone en riesgo al intercesor y al ministerio de intercesión.

"Traed todos los diezmos al alfolí y haya alimento en mi casa; y probadme ahora en esto. Dice Jehová de los ejércitos, si no os abriré las ventanas de los cielos. Y derramaré sobre vosotros bendición hasta que sobreabunde". Malaquías 3.10

"¡Ay de vosotros, escribas y fariseos, hipócritas! Porque diezmáis la menta y el eneldo y el comino, y dejáis lo más importante de la ley: la justicia, la misericordia y la fe. Esto era necesario hacer, sin dejar de hacer aquello".
Mateo 23.23

CAPÍTULO DOS

Cualidades del

intercesor

Cualidades del intercesor

1. Lealtad y fidelidad

El intercesor debe ser fiel y leal a sus pastores, al ministerio y a la visión.

"Mis ojos pondré en los fieles de la tierra, para que estén conmigo; el que ande en el camino de la perfección, éste me servirá". Salmos 101.6

2. Discreción

Debido a la información que recibirá de parte de la iglesia y del Espíritu Santo, el intercesor debe ser una persona discreta, no puede divulgar lo que ora y ve, con personas ajenas a su supervisor o a los pastores.

"En las muchas palabras no falta el pecado; mas el que refrena sus labios es prudente". **Proverbios 10.19**

3. Agradecimiento

El intercesor debe ser agradecido con Dios y con el hombre y la mujer de Dios. Es muy importante que no olvide que trabajar para Dios es un privilegio y, por lo tanto, debe dar lo mejor de sí, en su tiempo y calidad de oración. Nunca debe ir al trabajo por cumplir un horario, debe presentarse, cada día, esperando cosas nuevas de parte del Señor.

"Os rogamos hermanos, que reconozcáis a los que trabajan entre nosotros, y os presiden en el Señor, y os amonestan; y que los tengáis en mucha estima y amor por causa de su obra. Tened paz entre vosotros". **1 Tesalonicenses 5.12, 13**

4. Pasión por la intercesión

Para que su trabajo sea gratificante y dé fruto, el intercesor debe ser un apasionado por la oración, de esta manera, jamás se dejará vencer por la rutina.

"En lo que requiere diligencia, no perezosos; fervientes en espíritu, sirviendo al Señor". Romanos 12.11

5. Honestidad e integridad

El intercesor debe ser honesto con Dios, con él mismo y con sus líderes, entregando lo mejor de sí mismo en el trabajo y presentando a tiempo y con exactitud los reportes de intercesión a su líder.

"El que camina en integridad anda confiado; mas el que pervierte sus caminos será quebrantado".

Proverbios 10.9

6. Disponibilidad y flexibilidad

La disponibilidad y la flexibilidad son cualidades importantes en un intercesor, ya que, debido a estrategias de oración, es posible que sus horarios y compañeros de oración varíen de vez en cuando.

7. Balance

El intercesor efectivo, sabe que una de sus fortalezas está en su estabilidad emocional, espiritual y física; en el

balance y organización de las prioridades de su vida. Su prioridad número uno debe ser Dios. También, es muy importante que en los momentos libres, dedique tiempo de calidad a sus hijos y a su cónyuge, ya que ese tiempo reconforta, fortalece y enriquece su vida. Recuerde que su primer ministerio es su hogar.

"Aquél, respondiendo, dijo: Amarás al Señor tu
Dios con todo tu corazón, y con toda tu alma, y
con toda tu mente; y a tu prójimo como a ti
mismo". Lucas 10.27

8. Disciplina

Es necesario que el intercesor sea disciplinado a la hora de orar, trabajar, descansar, ejercitarse y alimentarse.

"Mirad, pues, con diligencia cómo andéis, no como
necios sino como sabios, aprovechando bien el tiempo,
porque los días son malos". Efesios 5.15, 16

CAPÍTULO TRES

La alimentación y el cuerpo físico del intercesor

La alimentación y el cuerpo físico del intercesor

Hace un tiempo, cuando yo viajaba a ministrar a otros países, mi cuerpo se veía terriblemente afectado, las alturas me hacían bastante daño, pues se me iba el aire. Siempre que viajaba me enfermaba. Me arrodillaba a orar y me quedaba dormida a causa del cansancio; por eso, el Señor puso en mi corazón la necesidad de ejercitarme físicamente y de mejorar mi alimentación.

Recuerdo que el Espíritu Santo me dijo: "Si quieres ir a otro nivel de unción, quiero que camines una hora diaria antes de ir a la iglesia a orar en la madrugada". No ha sido fácil, al principio me daba miedo, me dolían los pies y los huesos, pero no dejé que nada me robara la bendición y realmente valió la pena. Me esforcé a pesar del dolor,

caminé sobre el temor y empecé a tomar aceite todas las mañanas para lubricar mis huesos, busqué estrategias físicas y espirituales para cumplir con lo que el Espíritu Santo me estaba pidiendo. Para cada impedimento hay una solución, si de verdad queremos pasar a otro nivel con Dios.

Aplasté el gigante del miedo, el obstáculo del frío y de la lluvia y no he permitido que ninguna excusa me robe la bendición de caminar, día a día, tomada de la mano de mi Señor, cuando camino de madrugada, siento que, literalmente, el Espíritu Santo camina conmigo y me arropa con una fuerza inexplicable. A esa hora de la madrugada he tenido visiones y experiencias hermosas con mi Señor.

Recuerdo que, en una oportunidad, yo iba muy triste porque algunas personas que quería mucho se habían ido de la iglesia, y entre ellos estaba un joven al que yo veía como un hijo, como un hijo de verdad, y esa mañana estaba recordando una vez que fuimos a ministrar a otra iglesia y ese joven me regaló una flor y me dijo: te traje esta flor

porque tú eres mi mamá, y esa flor siempre estuvo guardada en mi corazón, pero el día que él se fue de la iglesia yo vi que, literalmente, la flor se deshojo y todos los pétalos cayeron al piso. Cuando ese joven y su esposa se fueron de la iglesia, yo sentí que el corazón se me partía en pedazos; me quedé todo el día llorando en mi casa, y a pesar de la tristeza, al día siguiente hice mi caminata de madrugada, y sentí que la mano de Dios me abrazaba y me consolaba. A veces el dolor, en vez de traernos amargura nos hace más fuertes y nos lleva a seguir creyendo y amando al pueblo. Situaciones como ésta, nos enseñan a levantarnos, y nos dan el coraje para seguir peleando con más fuerza.

En algunas ocasiones, cuando estaba comenzando a caminar de madrugada, sentía mucho miedo, pero empecé a desatar la autoridad de Dios; y pude ver, en el mundo espiritual, cómo los demonios salían huyendo aterrori-zados. Ahora no siento miedo y sé que el temor no me puede tocar porque tengo seguridad y certeza en las armas que nuestro Padre Celestial nos ha dado.

Esa hora de madrugada es especial y reconfortante para mi vida diaria, alimenta mi espíritu y me prepara físicamente. Caminar es oxígeno para mi cuerpo y para mi mente. Esa hora, en la que voy caminando con el Señor en la madrugada, de cuatro a cinco de la mañana, no la cambio por nada. Para mí es como una terapia para el espíritu, para el cuerpo y para el alma. Cuando camino, libero mi cuerpo de carga, estrés y presión espiritual. En esa hora dedicada al Espíritu Santo, se recibe una impartición impresionante de parte de Él, ése es el momento más maravilloso de mi día, es mi preparación para obtener la victoria personal, matrimonial y ministerial; por eso recomiendo que el intercesor haga la disciplina diaria de ejercitar su cuerpo y cuidar su alimentación. Yo lo hago de madrugada, pero si usted no puede hacerlo a esa hora, lo importante es que cree un hábito de caminar, por lo menos, media hora en algún momento del día, o desarrolle cualquier otro tipo de ejercicio, ya que ejercitarse es necesario y saludable.

Cuando cambié mi estilo de vida, mi salud cambió, completamente; ahora siento que puedo rendir más en mis

tareas diarias, me siento con más energía y más deseos de hacer las cosas, me siento más fuerte, más ágil, más fresca y más joven. Definitivamente, el Espíritu Santo es el mejor cirujano.

Jesús es el gran maestro en todas las áreas de nuestra vida y nosotros debemos aprender a hablar como hablaba Jesús, a comer como comía Jesús, y a orar como oraba Jesús.

Teniendo en cuenta que Jesús comía según la dieta judía, él se alimentaba de:

- Granos integrales, directamente de la espiga y en forma de pan integral.

- Gran variedad de especies limpias y frescas de pescado, probablemente a diario. (Cuando comemos pescado debemos estar seguros que viene de aguas no contaminadas, que sea fresco, y que se guarde y cocine de forma que mantenga el máximo de su beneficio nutritivo).

- Carnes puras de animales de granja, drenados de sangre, y habiéndoseles extraído el exceso de grasa. (Estas carnes rojas las comía muy esporádicamente).

- Yogurt, algo de requesón y mantequilla, generalmente, en ocasiones especiales.

- Muchos vegetales, especialmente, ajo, cebolla, puerro, frijoles y lentejas. A menudo, estos vegetales eran un plato principal y por rutina se realzaban con hierbas y especias comunes en Israel.

- Es muy probable que Jesús comiera aceite de oliva extra virgen, diariamente. El aceite de oliva se puede usar en vez de la mantequilla, de otros aceites y de aderezos de ensalada. El aceite de oliva tiene efectos laxantes y es la mejor opción para cocinar y comer.

- Tomaba bastante agua, comía abundantes frutas, algunos frutos secos y algo de miel. El postre de Jesús eran las frutas.

Aliméntese bien, coma buenos vegetales, los vegetales crudos son vida, tome buenas vitaminas, preferiblemente,

vitaminas líquidas, consuma calcio para cuidar sus huesos y tome mucha agua.

Es mejor consumir el calcio a través de los alimentos, ya que los suplementos de calcio en cantidades excesivas pueden contribuir a los cálculos renales.

Una buena alimentación mantiene el cuerpo y la mente sanos y además es el mejor método de desintoxicación del cuerpo humano. La avena, las semillas de linaza, las de girasol, de calabaza y el salvado de trigo son fibras que ayudan a limpiar el intestino.

Una buena nutrición es esencial para formar huesos sanos. La cantidad de calcio que recomiendan los expertos es de 800 a 1,500 miligramos diarios, aunque estas cifras varían dependiendo la edad de la persona. El calcio es el mayor componente del tejido óseo. Los alimentos que más calcio contienen son los productos lácteos y sus derivados, los frutos secos, las hortalizas, las legumbres, los cereales, la cebolla, el cacao, el chocolate y la clara de huevo.

Abunde en:

- Vegetales crudos
- Agua
- Pescado
- Granos
- Jugos de frutas
- Sopas de Vegetales
- Frutas
- Legumbres y frutos secos
- Vitaminas líquidas

Evite:

- Sodas
- Panes
- Carnes Rojas
- Quesos
- Mariscos
- Cafeína
- Grasas
- Aceites
- Dulces

Mantenga una actitud sabia al momento de comer, coma para alimentarse, no para llenarse.

Si queremos un cuerpo sano, debemos cuidarlo. Dios hace su parte pero nosotros debemos hacer la nuestra.

El descanso es otro hábito muy importante en la salud del intercesor, es necesario que duerma bien, que descanse, que se despeje y que guarde energías para cuando el Espíritu Santo quiera usarlo.

CAPÍTULO CUATRO

Intimidad

con Dios

Intimidad con Dios

Antes de dar inicio a la jornada laboral, el intercesor debe pasar tiempo de intimidad con Dios. Como mínimo, una hora diaria, entregando todas las áreas de su vida, para que Dios pueda usarlo a plenitud.

El ser humano piensa que conoce el cuerpo, el alma y el espíritu, pero cada área de nuestro ser representa un mundo infinito, cuando estos tres mundos están juntos, sólo el creador de los cielos y la tierra los conoce y los puede alinear a su voluntad.

Diariamente, debemos despojarnos de nuestro ser y ponerlo en manos de nuestro creador de la siguiente manera:

1. Entregar el asiento moral de su vida. Renunciando a cada área y sometiéndola a la obediencia del Espíritu Santo en los diferentes aspectos de:

- Carácter (es decir, la forma de ser de la persona)

51

- Personalidad
- Emociones
- Temperamento
- Áreas débiles

"Y de igual manera el Espíritu nos ayuda en nuestra debilidad; pues qué hemos de pedir como conviene, no lo sabemos, pero el Espíritu mismo intercede por nosotros con gemidos indecibles. Mas el que escudriña los corazones sabe cuál es la intención del Espíritu, porque conforme a la voluntad de Dios intercede por los santos".
Romanos 8.26, 27

2. Ir a la cruz del Calvario cada mañana, para que Él tome cada una de nuestras áreas y las someta a Su voluntad.

- **La carne:** Representa lo que aún queda de pecado en nosotros. La naturaleza y los designios de la carne son enemistad con Dios.

"Y yo sé que en mí, esto es, en mi carne, no mora el bien; porque el querer el bien está en mí, pero no el hacerlo".

Romanos 7.18

* **La mente:** La mente es el campo de batalla, es el territorio donde tenemos que cuidar lo que oímos, lo que imaginamos y lo que vemos. Nuestros pensamientos son producto de lo que vemos y oímos. Constantemente, debemos renovar nuestro pensamiento con la palabra de Dios y mantener nuestro entendimiento renovado y preñado de la Palabra de Dios.

Consciente: Los seres humanos somos conscientes de lo que sucede a nuestro alrededor en el presente, aquí se reciben las experiencias e impresiones.

"Yo Jehová, que escudriño la mente, que pruebo el corazón, para dar a cada uno según su camino, según el fruto de sus obras". Jeremías 17.10

Subconsciente: con el paso del tiempo todo lo que ha estado en el consciente, desciende al subconsciente y a medida que pasa el tiempo se va haciendo más difícil recordarlo, pero el subconsciente guarda muchas cosas que no necesitamos.

"Y renovaos en el espíritu de vuestra mente, y vestíos del nuevo hombre, creado según Dios en la justicia y santidad de la verdad". Efesios 4.23, 24

- **El corazón**

"Sobre toda cosa guardada, guarda tu corazón; porque de él mana la vida". Proverbios 4.23

- **Los pensamientos**

"Tú guardarás en completa paz a aquel cuyo pensamiento en ti persevera; porque en ti ha confiado". Isaías 26.3

- **La lengua**

"Porque: El que quiere amar la vida y ver días buenos, refrene su lengua de mal, y sus labios no hablen engaño".
1 Pedro 3.10

- **La boca**

"Ninguna palabra corrompida salga de vuestra boca, sino la que sea buena para la necesaria edificación, a fin de dar gracia a los oyentes. Y no contristéis al Espíritu Santo de Dios, con el cual fuisteis sellados para el día de la redención". Efesios 4.29, 30

"El hombre bueno, del buen tesoro de su corazón saca lo bueno; y el hombre malo, del mal tesoro de su corazón saca lo malo; porque de la abundancia del corazón habla la boca." Lucas 6.45

"El que guarda su boca guarda su alma; mas el que mucho abre sus labios tendrá calamidad".
Proverbios 13.3

"Pon guarda a mi boca, oh Jehová;

guarda la puerta de mis labios".

Salmo 141.3

3. Reconocer el propósito de la obra de la cruz en nuestras vidas, declarando que Jesús de Nazareth es nuestro Señor. Él cargó más que nuestros pecados en sufrimiento y muerte. Jesús llevó nuestros dolores y enfermedades, y también murió para darnos sanidad y paz.

"Ciertamente llevó Él nuestras enfermedades, y sufrió nuestros dolores y nosotros le tuvimos por azotado, por herido de Dios y abatido. Mas Él herido fue por nuestras rebeliones, molido por nuestros pecados; el castigo de nuestra paz fue sobre Él, y por su llaga fuimos nosotros curados". Isaías 53.4, 5

4. Pedir perdón por los pecados.

"Pero si Cristo está en vosotros, el cuerpo en verdad está muerto a causa del pecado, mas el espíritu vive a causa de la justicia". Romanos 8.10

- **Pecados de omisión:** Son los pecados que cometemos sin darnos cuenta.

- **Pecados de comisión:** Son los pecados que conscientemente cometemos. Es cuando sabiendo hacer lo bueno no lo hacemos.

"Y al que sabe hacer lo bueno, y no lo hace, le es pecado". Santiago 4.17

Ejemplos:

Cuando pierde el tiempo y no trabaja las horas que le están pagando. Es un pecado de comisión porque está robando.

Cuando sabe que su jefe o un compañero de trabajo tiene problemas y no ora por él.

Cuando le sirve a Dios por ego y vanagloria y no por agradecimiento y amor hacia su Padre Celestial.

"De esta manera, pues, pecando contra los hermanos e hiriendo su débil conciencia, contra Cristo pecáis".

1 Corintios 8.12

5. Entronar al Señor Jesús en nuestras vidas para que tome control de todo nuestro ser. Declarando que somos uno con el Padre, uno con el Hijo y uno con el Espíritu Santo.

"Y ya no estoy en el mundo; mas éstos están en el mundo, y yo voy a ti. Padre santo, a los que me has dado, guárdalos en tu nombre, para que sean uno, así como nosotros". Juan 17.11

6. **Activar la sangre de Jesús** para que nos cubra, recordando que por Su Sangre es que somos justificados ante el Padre Celestial y a través de ella tenemos entrada al trono de la gracia.

"Pues mucho más, estando ya justificados en su sangre, por Él seremos salvos de la ira. Porque si siendo enemigos, fuimos reconciliados con Dios por la muerte de su Hijo, mucho más, estando reconciliados, seremos salvos por su vida. Y no sólo esto, sino que también nos gloriamos en Dios por el Señor nuestro Jesucristo, por quien hemos recibido ahora la reconciliación".
Romanos 5.9-11

7. **Pedir al precioso Espíritu Santo que traiga nuevas lenguas**, pidiéndole que llene nuestra boca con lenguas celestiales y que quite toda repetición vana de nuestra lengua y de nuestras oraciones para que oremos conforme a la voluntad de Dios.

"Mas el que escudriña los corazones sabe cuál es la intención del Espíritu, porque conforme a la voluntad de Dios intercede por los santos". Romanos 8.27

8. Orar para que el poder del Espíritu Santo nos unja y nos guíe como intercesores eficaces y estratégicos, para que podamos hacer rompimiento en el mundo espiritual en las oraciones de cada día.

"El Espíritu de Jehová el Señor está sobre mí, porque me ungió Jehová; me ha enviado a predicar buenas nuevas a los abatidos, a vendar a los quebrantados de corazón, a publicar libertad a los cautivos, y a los presos apertura de la cárcel; a proclamar el año de la buena voluntad de Jehová, y el día de venganza del Dios nuestro; a consolar a todos los enlutados; a ordenar que a los afligidos de Sion se les dé gloria en lugar de ceniza, óleo de gozo en lugar de luto, manto de alegría en lugar del espíritu angustiado; y serán llamados árboles de justicia, plantío de Jehová, para gloria suya". Isaías 61.1-3

9. Entregar todas las cargas, problemas y circunstancias que el intercesor tenga en ese momento para que pueda orar con libertad.

"Echa sobre Jehová tu carga, y él te sustentará;
no dejará para siempre caído al justo".
Salmo 55.22

"Estad, pues, firmes en la libertad con que
Cristo nos hizo libres, y no estéis otra vez
sujetos al yugo de esclavitud".
Gálatas 5.1

CAPÍTULO CINCO

Procedimientos para interceder en grupo

Procedimientos para interceder en grupo

1. Pedirle al Espíritu Santo unidad y una misma mente para todos los integrantes del equipo, a fin de que puedan orar en un mismo espíritu. Si hay contiendas y división entre las personas que están orando, las oraciones serán estorbadas.

"Yo pues, preso en el Señor, os ruego que andéis como es digno de la vocación con que fuisteis llamados, con toda humildad y mansedumbre, soportándoos con paciencia los unos a los otros en amor, solícitos en guardar la unidad del Espíritu en el vínculo de la paz; un cuerpo, y un Espíritu, como fuisteis también llamados en una misma esperanza de vuestra vocación; un Señor, una fe, un bautismo, un Dios y Padre de todos, el cual es sobre todos, y por todos, y en todos".

Efesios 4.1-6

2. Pedir la guía del Espíritu Santo en cada oración que se realice y pedir que seamos invisibles e invencibles ante el enemigo. Declarar y establecer, de común acuerdo, las oraciones y la victoria en cada oración.

"Porque todos los que son guiados por el Espíritu de Dios, éstos son hijos de Dios. Pues no habéis recibido el espíritu de esclavitud para estar otra vez en temor, sino que habéis recibido el espíritu de adopción, por el cual clamamos: ¡Abba, Padre! El Espíritu mismo da testimonio a nuestro espíritu, de que somos hijos de Dios.
Y si hijos, también herederos; herederos de Dios y coherederos con Cristo, si es que padecemos juntamente con Él, para que juntamente con Él seamos glorificados".
Romanos 8.14-17

3. Activar los ángeles libertadores, ministradores, guerreros y poderosos en fortaleza. Cuando activamos los ángeles, nuestro Padre Celestial los envía del norte, del sur, del este y del oeste para que nos protejan.

Los ángeles bendicen a Jehová, ministrándole adoración, ejecutan su palabra (en las actividades terrenales), obedecen la voz de la palabra divina (tal y como es anunciada a través de los santos de la tierra), están activos en la edificación del Reino de Dios sobre la tierra y hacen avanzar el Ministerio de Jesús y a Su iglesia.

"Bendecid a Jehová, vosotros sus ángeles, poderosos en fortaleza, que ejecutáis su palabra, obedeciendo a la voz de su precepto. Bendecid a Jehová, vosotros todos sus ejércitos, ministros suyos, que hacéis su voluntad".
Salmo 103.20, 21

4. Fortalecernos en la armadura de Dios y revestirnos de su fortaleza.

"Por lo demás, hermanos míos, fortaleceos en el Señor, y en el poder de su fuerza. Vestíos de toda la armadura de Dios, para que podáis estar firmes contra las asechanzas del diablo. Porque no tenemos lucha contra sangre y carne, sino contra principados, contra potestades, contra

los gobernadores de las tinieblas de este siglo, contra
huestes espirituales de maldad en las regiones celestes.
Por tanto, tomad toda la armadura de Dios, para que
podáis resistir en el día malo, y habiendo acabado todo,
estar firmes. Estad, pues, firmes, ceñidos vuestros lomos
con la verdad, y vestidos con la coraza de justicia, y
calzados los pies con el apresto del evangelio de la paz.
Sobre todo, tomad el escudo de la fe, conque podáis
apagar todos los dardos de fuego del maligno. Y tomad el
yelmo de la salvación y la espada del Espíritu, que es la
palabra de Dios; orando en todo tiempo con toda oración
y súplica en el Espíritu, y velando en ello con toda
perseverancia y súplica por todos los santos; y por mí, a
fin de que al abrir mi boca me sea dada palabra para dar
a conocer con denuedo el misterio del evangelio, por el
cual soy embajador en cadenas; que con denuedo
hable de Él, como debo hablar".
Efesios 6.10-20

5. Tomar la autoridad de herederos del Reino para
entrar, de una manera sobrenatural, a lugares celestiales.

Interceptar lo que está en las regiones celestes y atacarlo. Las oraciones de reino son las que hacen el rompimiento. Es importante recordar, que para ejercer autoridad, debemos estar bajo autoridad. No es fácil someterse, pero la recompensa a la obediencia es grande. Una de las cosas que aterra a Satanás es un intercesor que se somete a la autoridad. Una de las cosas que maravilló a Jesús y aun nos maravilla a nosotros hoy en día fue la obediencia del centurión. Es necesario estar sometido a la autoridad para poder traer de los cielos a la tierra la bendición y la provisión.

Debemos tomar la autoridad de herederos del reino, tomar la herencia de Abraham y reclamarla con autoridad en nuestras oraciones y para nuestras generaciones.

Para saber si sus oraciones penetran los cielos y son oraciones de reino, debe preguntarse si usted se somete o no a su autoridad.

"Con Cristo estoy juntamente crucificado, y ya no vivo yo, mas vive Cristo en mí; y lo que ahora vivo en la carne, lo vivo en la fe del Hijo de Dios, el cual me amó y se entregó a sí mismo por mí". Gálatas 2.20

"Y si hijos, también herederos; herederos de Dios y coherederos con Cristo, si es que padecemos juntamente con él, para que juntamente con él seamos glorificados".
Romanos 8.17

Oración: "Padre Celestial tú dices en tu palabra que yo estoy juntamente con Cristo crucificado y ya no vivo yo, mas Cristo vive en mí. Somos tus hijos, y si hijos, también herederos, herederos de Dios, y coherederos con Cristo en el Reino. Entonces tenemos autoridad como herederos del Reino y ahora hacemos uso de esa autoridad en el nombre de Jesús de Nazareth".

6. Reclamar la cobertura y la Unción del ministerio, pidiendo la Unción y la cobertura de los cinco ministerios: apostólico, profético, pastoral, de maestro y de evangelista.

Para que nuestras oraciones tengan poder y autoridad debemos estar bajo la cobertura de esta unción, y entonces, tendremos la autoridad y el derecho legal para vencer al enemigo.

"Es como el buen óleo sobre la cabeza, el cual desciende sobre la barba, la barba de Aarón, y baja hasta el borde de sus vestiduras; como el rocío de Hermón, que desciende sobre los montes de Sion; porque allí envía Jehová bendición, y vida eterna".

Salmo 133.2, 3

7. Reclamar las profecías recibidas a través de la boca de los profetas. Cuando se recibe una palabra profética, no se debe dejar de orar hasta verla hecha. En estos años como intercesora, he podido comprobar que lo que no se pare en el Espíritu no se da. Los dolores de parto son necesarios para dar a luz cada profecía recibida. Así como Elías oro en posición de parto, debemos parir hasta llegar a la voluntad perfecta de Dios. Es necesario orar las palabras que Dios nos da hasta ver su manifestación. Según sea su oración, así

será su cosecha, recuerde que el profeta y el intercesor son la boca de Dios en la tierra.

8. Cubrir a los pastores que son la autoridad y los padres espirituales de la iglesia. Cuando se cubren los pastores, se está cubriendo todo el ministerio. Los pastores deben ser cubiertos con oración en las siguientes áreas:

- Su ministerio
- Su vida personal
- Su salud
- Sus finanzas
- Su matrimonio
- Sus hijos

Los hijos de los pastores son quienes más se sacrifican en el ministerio, y a veces, desafortunadamente, los pastores no se dan cuenta. Ellos son los que más ataques reciben del diablo, del mundo y, lamentablemente, también de la iglesia, pues a veces los presionan y demandan de ellos demasiado.

Hay hijos de pastores que no quieren saber nada de la iglesia porque no recibieron el cuidado necesario, y esto es muy delicado, pues nuestros hijos son el mejor testimonio que podemos dar, su fruto habla por si solo de lo que hemos hecho con ellos. Las pastoras debemos ser atalaya alrededor de nuestro esposo y de nuestros hijos. Es muy importante tener un grupo de intercesores que oren para que los pastores tengan una vida de calidad en su hogar. Si, usted como pastor, hizo su parte con su hijo y aun así, su hijo está apartado, delante de Dios usted hizo su trabajo, siga creyendo e intercediendo pues la palabra de Dios nunca regresa vacía.

Manténgase alerta y firme, recuerde que el diablo, anda como León rugiente buscando a quien devorar. En mi congregación, para la gloria de Dios, hay varios ex – satanistas, que han sido liberados por Dios. Uno de ellos nos confesó que el enemigo lo envió para chequear qué ejército tenía yo, y cuando vio las mujeres que iban caminando conmigo en la madrugada, se dio cuenta que, en el mundo espiritual, iban armadas hasta los dientes. Por

eso, es tan importante que en las iglesias existan ministerios fuertes de intercesión; que oren por las almas, por las finanzas y, especialmente, por los pastores y los hijos de los pastores, ya que son el blanco del enemigo. Pero, cuando hay un ejército armado, esos blancos no pueden ser minados.

Los hijos de los pastores pagan un precio muy alto, por eso es necesario mantener en oración sus vidas, su ministerio y el tiempo de calidad de sus padres con ellos, en la iglesia son los pastores, pero en casa son papá y mamá.

El diablo es el destructor de pactos, por esta razón, el pacto ministerial, el pacto matrimonial y el acta matrimonial, deben ser protegidos, se debe pedir que los pastores y las familias compartan tiempo a solas y tiempo con sus hijos. Diariamente, se deben cubrir en oración a los pastores y a las familias de la congregación.

9. Interceder según la lista de oraciones, asignando a cada persona un tema específico. Se debe orar, exclusiva-

mente, por lo que ha sido asignado, sin cubrir otras áreas, así se relacionen; orando en orden pero sin llegar a ser mecánicos, sino dejando que el Espíritu Santo se mueva con libertad.

Un intercesor ora en el entendimiento y los demás en el espíritu, apoyando la oración del que lo está haciendo en el entendimiento, de esta manera, la oración será en acuerdo y no habrá confusión.

Interceder con entendimiento es orar en nuestro idioma, con palabras que entendemos y conforme a la escritura. Cuando oramos en lenguas, estamos orando la perfecta voluntad de Dios.

En nuestro ministerio por lo que más oramos es por el pastor, las almas y las finanzas. Por el pastor porque es el que lleva la Palabra, por las almas porque son el corazón de Dios y por las finanzas porque son necesarias para avanzar el Reino de Dios.

10. Siempre se debe orar en el Nombre de Jesús de Nazareth, el hijo de Dios. Recuerde que por mucho que Dios lo use, usted, solamente, es el vaso y debe mantenerse pequeño y humilde delante del Señor para que Él pueda usarlo.

"De cierto, de cierto os digo: El que en mí cree, las obras que yo hago, él las hará también; y aun mayores hará, porque yo voy al Padre. Y todo lo que pidiereis al Padre en mi nombre, lo haré, para que el Padre sea glorificado en el Hijo. Si algo pidiereis en mi nombre, yo lo haré".
Juan 14.12-14

11. Primero se declara y luego se establece.

Declarar significa: anunciar, decir, hablar, profetizar, publicar.

Establecer quiere decir: instalar, asentar, crear, fundar, organizar, colocar, situar.

12. Adorar. La adoración es vital. Se debe adorar con palabras o con canciones y siempre entre cada oración debemos darle gloria a Dios. Sin adoración, las oraciones se quedan en la tierra. La adoración, establece el gobierno de Dios en la tierra. Adore, alabe, ministre de su corazón al corazón de Dios y sea agradecido en cuerpo, alma y espíritu con el creador de los cielos y la tierra.

13. Hacer uso del poder de atar y desatar. Es decir, de la autoridad, habilidad o facultad para hacer cualquier acto o hecho, con derecho legal. El Señor nos dio derecho legal de atar, restringir, cerrar, prohibir, declarar impropia o ilegal toda obra de Satanás. Todo lo que atemos en la tierra, será atado en los cielos, y todo lo que desatemos en la tierra, será desatado en los cielos.

"De cierto os digo que todo lo que atéis en la tierra, será atado en el cielo; y todo lo que desatéis en la tierra, será desatado en el cielo". Mateo 18.18

14. Usar los recursos que Dios nos dio como: El tiempo, las profecías, las lenguas, la palabra, el nombre, la sangre, la fe en Dios, la alabanza y la adoración.

CAPÍTULO SEIS

Pasos para cerrar el tiempo de intercesión

Pasos para cerrar el tiempo de intercesión

Siempre se debe cerrar el tiempo de oración con agradecimiento y adoración dando por hecho lo que hemos orado, estableciendo la victoria en cada oración realizada.

1. Cada intercesor debe **sellar la oración** que hizo con la sangre de Jesús, con la unción y el poder del Espíritu Santo de Dios, declarando su cumplimiento.

2. **Atar y paralizar** toda obra de Satanás en contra de cada uno de los intercesores, atando el espíritu de venganza, muerte, robo, accidente, enfermedad y desastres financieros, en contra del intercesor o de sus familiares, desatando la cobertura del ministerio, la cobertura en el

mundo espiritual es como un apellido que lo distingue y señala de una manera especial.

3. **Activar los ángeles** porque ellos velan sobre nosotros y nos fortalecen según nuestra necesidad.

"Pues a sus ángeles mandará acerca de ti, que te guarden en todos tus caminos". Salmo 91.11

"Y se le apareció un ángel del cielo para fortalecerle". Lucas 22.43

4. **Cubrir** a cada intercesor y a sus familias con la Sangre de Jesús de Nazareth, recordando el poder de la Sangre del Cordero de Dios. Esa sangre es un eterno presente y está viva todo el tiempo.

• Porque la vida está en la Sangre, y sino hubiera sido derramada, no habría expiación.

"Porque la vida de la carne en la sangre está,

y yo os la he dado para hacer expiación sobre el altar por vuestras almas; y la misma sangre hará expiación de la persona". Levítico 17.11

- Por ella obtenemos liberación, es la ofrenda por nuestro pecado y con ella nos consagramos.

"Y la sangre os será por señal en las casas donde vosotros estéis; y veré la sangre y pasaré de vosotros, y no habrá en vosotros plaga de mortandad cuando hiera la tierra de Egipto". Éxodo 12.13

- Es esencial para que estemos cerca de Dios.

"Pero ahora en Cristo Jesús, vosotros que en otro tiempo estabais lejos, habéis sido hechos cercanos por la sangre de Cristo". Efesios 2.13

- La Sangre nos cubre y nos limpia de todo pecado.

"...y de Jesucristo el testigo fiel, el primogénito de los muertos, y el soberano de los reyes de la tierra. Al que nos amó, y nos lavó de nuestros pecados con su sangre". Apocalipsis 1.5

- Por la Sangre, podemos obtener una relación correcta con Dios.

"a quien Dios puso como propiciación por medio de la fe en su sangre, para manifestar su justicia, a causa de haber pasado por alto, en su paciencia, los pecados pasados". Romanos 3.25

- La Sangre nos empuja a la santidad y nos trae paz.

"Y por medio de Él reconciliar consigo todas las cosas, así las que están en la tierra como las que están en los cielos, haciendo la paz mediante la sangre de su cruz". Colosenses 1.20

- La Sangre nos infunde vida divina para vencer el pecado.

"Pues mucho más, estando ya justificados en su sangre, por Él seremos salvos de la ira". Romanos 5.9

- La preciosa Sangre de Jesús nos hace unir a Dios y recibir los beneficios de la vida eterna.

"Jesús les dijo: De cierto, de cierto os digo: Si no coméis la carne del Hijo del Hombre, y bebéis su sangre, no tenéis vida en vosotros. El que come mi carne y bebe mi sangre, tiene vida eterna; y yo le resucitaré en el día postrero". Juan 6.53, 54

- La Sangre de Cristo fue derramada sobre un altar celestial, donde proveyó redención para siempre.

"Pero estando ya presente Cristo, sumo sacerdote de los bienes venideros, por el más amplio y más perfecto tabernáculo, no hecho de manos, es decir, no de esta

85

*creación, y no por sangre de machos cabríos ni de
becerros, sino por su propia sangre, entró una vez
para siempre en el Lugar Santísimo, habiendo
obtenido eterna redención". Hebreos 9.11, 12*

- La Sangre de Cristo nos provee lo necesario para derrotar a Satanás.

*"Y ellos le han vencido por medio de la sangre del
Cordero y de la palabra del testimonio de ellos, y
menospreciaron sus vidas hasta la muerte".
Apocalipsis 12.11*

5. **Llenar el reporte** de intercesión escribiendo en letra clara y de molde el nombre de los intercesores que participaron de la oración, la hora y turno de oración, los motivos de oración y cualquier comentario de lo que hayan recibido de parte del Espíritu Santo durante el momento de intercesión. Este reporte debe ser claro, conciso y veraz, lo deben firmar todos los intercesores de turno y se debe entregar directamente al líder de turno.

Estos son algunos de los pasos importantes y necesarios para la intercesión, es importante conocerlos y practicarlos, pero nunca olvide que la constante busqueda del Espiritu de Dios, es la que realmente le preparará para ser un verdadero intercesor. " **Un intercesor no se nace, se hace**".